함박꽃이 떨어지면
공갈빵을 먹으러 가야 해요

제47차 기획시선 공모당선 시집

함박꽃이 떨어지면 공갈빵을 먹으러 가야 해요

시산맥 기획시선 163

초판 1쇄 인쇄 | 2025년 10월 25일
초판 1쇄 발행 | 2025년 10월 30일

지은이 정규범
펴낸이 문정영
펴낸곳 시산맥사
편집주간 김필영
편집위원 최연수 박민서
등록번호 제300-2013-12호
등록일자 2009년 4월 15일
주소   03131 서울특별시 종로구 율곡로 6길 36. 월드오피스텔 1102호
전화 02-764-8722, 010-8894-8722
전자우편 poemmtss@naver.com
시산맥카페 http://cafe.daum.net/poemmtss

ISBN 979-11-6243-639-4 (03810) 종이책
ISBN 979-11-6243-640-0 (05810) 전자책

값 12,000원

* 이 책은 전부 또는 일부 내용을 재사용하려면 반드시 저작권자와 시산맥사의 동의를 받아야 합니다.
* 이 책은 교보문고와 연계하여 전자북으로 발간되었습니다.
* 본문 페이지에서 한 연이 첫 번째 행에서 시작될 때에는 〈 표기를 합니다.
* 저자의 의도에 따라 작품의 보조 동사와 합성 명사는 띄어쓰기가 달라질 수 있습니다.

함박꽃이 떨어지면
공갈빵을 먹으러 가야 해요

정규범 시집

| 시인의 말 |

23.5도, 그 찰나의 기울기 덕분에
四季가 생기고, 모든 생명은 리듬을 얻어 살아간다.
23.5도는 우리가 잊고 지내는 근원이며,
광활한 코스모스 궤적 속 이정표이다.

23.5가 가리키는 언어의 징검다리를 찾고 싶었다.
자연 속에서 우리는 호흡하고, 흔들리고,
결국 서로의 존재를 확인하며 인연을 맺는다.

우연히 스쳐 간 자연의 빛,
비껴간 계절의 그림자,
그리고 동시대를 함께 살아가는 인연들,
자연을 소중하게 지켜가는 가운데 키워 갈 수 있길 빈다.

멀리 있어도 진하게 퍼지는 연꽃의 향기(香遠益淸)처럼
언어로 이어지는 독자와의 緣도 맑은 향기로 이어지길,
생명과 환경에 대한 예민한 감각으로 승화되길!

2025년 가을의 문설주에 기대어
정규범 올림

■ 차 례

1부 향香

뒷배	19
목련의 필법	20
봄의 존재방식	22
연꽃 묻힌 바람	23
함박꽃이 떨어지면 공갈빵을 먹으러 가야 해요	24
봄, 저 붉은 초대장을	26
물맛	27
인연의 발자국은 나타샤를 꽃피우고	28
꽃대 올리는 행운목을 보며	30
빠르고 가벼워져요	32
봄의 질문	34
詩詩때때	35

2부 원遠

더 이상 마라	39
유랑하는 디지털 그림자	42
코로나의 시대	44
실낙원	46
그림자의 유랑	48
입술이 사라져간다	50
공空	51
시인은 모두 죽었다	52
버려진 팬티	54
AI 낙원	55
홀로 된 짝	58
푸른 별의 마지막 구절	60

3부 익益

분재의 사랑법	65
푸른 나무도서관에서 줍는 소리들	66
역이逆耳	68
새의 점자	70
연리지連理枝	72
둔덕 학교	73
머리카락 짚신	74
가위 날, 바늘 귀	75
오늘의 춤이 내일의 춤을 오게 한다	76
자연, 나의 길	78
유월의 장미에게	79
코로나藥	80

4부 청清

풍경	85
홀로의 시공時空	86
대산 이상정	88
山은	90
허공의 그림	92
친구들에게	94
하루살이 지청구	96
한겨울 태백산 비망록	98
좋은 집	100
얼굴	102
삼못돌, 안동의 시간	104
存在의 시간	106
23.5	108

5부 연緣

연緣의 빛	113
구시	114
귀로歸路	116
태평동	118
하회탈의 얼굴	120
율려律呂	122
너와 나의 여정	123
하나가 되는 둘에게	124
안동의 노래	127
무상無常	129
인연설因緣說	130

■ 해설 _ 건강한 관조의 힘
　오민석(문학평론가, 단국대 명예교수) _ 133

1부

향香

뒷배

온몸으로 받아낸 삶의 칼자국,
엄마의 육신은 도마였다.
홈이 파일 때마다
엄마의 살점에선 피가 솟았다.
가족을 지키려는 칼 받음의 여정은
몸이 부서지고 숨이 혼을 놓칠 때까지 계속되었다.
도마가 새기는 저 상흔은
엄마가 삭혀낸 울음의 필사본이고,
손바닥에서 발바닥까지 갈라 터진 빗금은
나를 지켜낸 엄마의 심줄이었다.
엄마는 선산으로 가 흙이 되었고
나는 이곳에 남겨져 엄마를 걷고 있다.
세상이 나를 벼랑으로 밀쳐낼지라도
나는 엄마를 밟기에 밀리지 않을 수 있다.

목련의 필법

목련의 말은 몽당붓의 얼굴로 온다.
겨울의 정수리에서 붓끝을 늘리고 벼리다가
단 한마디로 허공을 허문다.

목련의 입술은
맑은 하늘이 파랗게 배경을 차지할 때
가장 곱게 열리는데

중언부언하는 나무에 시간을 섞지 않고
겉치레를 중시하는 초록에 무게를 빌리지 않고
순결한 죽음으로 통째를 지킨다.

한 구절을 얻기 위해 한 계절을 사유하는 시인에게
절명으로 가르치는 저 필법은
위장되지 않은 정제된 언어에 산다.

일 년에 한 번씩
전생이 앙다문 이생의 솜털을 밀어낼 때
분분히 내리는 낱장을 묶어 명시를 출간하고
〈

봄의 독자들은
걸음마다 흥건히 스치는 시향詩香에
가슴을 절인다.

봄의 존재방식

두엄 냄새 위로 피어오르는 아지랑이다.

얼음장을 구들로 삼은 물이 틔운 싹이다.

고매한 철학으로 피어나는 홍매의 문체로 온다.

장맛 익어가는 장독대 위에 머무는 어무이 햇살이다.

추위를 삭힌 동백의 붉은 입술 위에 아롱진 향기다.

떠나간 애인이 남긴 변덕스러운 심술로 온다.

겨울의 무게를 씻어낸 봄,

생명의 신비가 죽음의 속삭임과 만나 근원을 묻는다.

변화는 존재의 유일한 진실,

인생의 기쁨과 슬픔도 한때의 꽃.

재생의 약속으로 존재하는 봄.

연꽃 묻힌 바람

연꽃 묻힌 바람
화엄으로 물든다.

연꽃에 파묻힌 향기
바람의 옷에
맑은 영혼 스민다.

연꽃의 녹의,
연꽃의 이슬,
바람이 빚는 삶이다.

팔월 연꽃이 품은
태양의 정열
순정의 빛으로 갈무리하는 연꽃

바람으로 야윈 꽃의 각질 눈부시다.

두두물물頭頭物物,
푸른 눈매 위
바람 스쳐 꽃이 진다.

함박꽃이 떨어지면 공갈빵을 먹으러 가야 해요

보이지 않는 전부를 주었지요.
보이는 전부를 줄 거라면서
보이지 않는 전부를 가져간 그녀에게

우주를 모아다가 주기도 했어요.
그녀가 보이는 전부를 준다는 약속은
약속에서만 살아요.

내가 준 전부는 보이는 것이 아니고
그녀가 준다는 전부는 잘 보이는 것이지만
서로 준 것은 아무것도 보이지 않아요.

약속은 참으로 무서운 마법이어요.
기한을 없애면 모든 것을 빼앗을 수 있거든요.

전부를 주고 전부를 잃어버려도
내게서 그녀에게 간 것은
보이는 것이 아녀서 공평한 곁이 되어요.

함박꽃이 푸른 하늘에 목련의 얼굴로 쳐 밀다가

빈 허공에 하얀 입술 떨굴 때가 되면
우리는 속이 텅 빈 공갈빵을 먹으러 가야 해요.

함박꽃은 목련이 아니어서
전부를 잃고 고아가 될 그녀를 애도해야 하거든요.

봄, 저 붉은 초대장을

바람난 봄이 쏟아내는 저 하혈은

죽은 언어에 뜨거운 피를 돌게 하는 생의 연원,

아찔한 욕망이 몸피를 찢은 꽃의 상처다.

피붙이 같던 봄이 조각난 꿈이 되기 전에

꽃잎 모아가며 당신의 거울을 만들어가야 하는 봄,

저 붉은 초대장을 어떻게 거절할 수 있을까?

봄물이 산야에 물감 흘리는 꽃잎의 계절,

들꽃의 눈물은 흩어져 사라져갈 텐데…….

물맛

온몸이 깨지고 부서져야

흐르는 물이

비의 채찍을 맞으며 달려가고 있다.

물의 상처와 물의 감정을 읽어내야

다인茶人이 될 수 있다는 데,

그 숱한 물의 창상創傷을 담고 흐르는

흙탕물의 중얼거림을

나는 이순耳順이 되도록

한마디도 알아듣지 못했으니,

그간 마셨던 물맛은

다향의 그림자였을 뿐.

인연의 발자국은 나타샤를 꽃피우고

모래는 끝없이 바람에 안겨 춤추고
희망은 성채를 쌓았다 허문다.
사막의 자아를 움켜쥔 식물만이
생을 수호하는 용사,
어린 왕자를 찾는 사막여우처럼
유려하게 손짓하는 유성의 꼬리는
모래사장의 심연에 빠져든다.
불타는 해처럼 밝았던 기억의 늪은
어려운 편향과 나태한 유혹을 깨우고
마주한 설렘은 지남철의 떨림이 된다.
나타샤를 찾는 흰 당나귀의 눈망울처럼
사막 위 길 찾아 헤매는 시간,
일상은 미로를 떠돌며 폭설에 파묻히고
우리는 낯섦과 마주하게 된다.
눈빛은 마음을 열어가는 내밀한 매듭,
어린 왕자를 이끄는 사막여우의 깃털처럼
더듬이는 남은 미련을 싣고 움직이고
낡은 사막 풀은 마지막 한 송이로 빛난다.
길을 잃고 헤매던 시간은 과거,
새벽이 노래하는 곳을 향하여

우리의 인연은 새로운 꽃으로 피어난다.
나타샤를 이끄는 흰 당나귀의 흰 발자국처럼.

꽃대 올리는 행운목을 보며

해마다 맑은 설렘 주는
상아색 알집이여!
어쩌란 말이냐?
넌 주기만 하고 난 받기만 하는 일이
내가 할 수 있는 전부구나!

한겨울 파삭 마른 눈물
삭정이 되어
배배 꼬인 손과 머리카락들,
너의 궁전 허물고
너의 엄마 마지막 허물로만 남더니

기어이,
질긴 너의 태곳적 유전遺傳
이국의 정토에
혼혈로 이어내고
너의 고귀한 세월을 일깨웠구나!

누구도 깨울 수 없었던 너의 본성,
생이별의 아픔이 열쇠 되어

너의 궁전 열리고,
너는 미로美路 속에
하얀 눈물로 연서를 쓰고 있다.

나는 오늘
네 초록의 긴 저고리를 벗겨
내밀한 욕망을 베껴
감춰진 순결을 터트린 향내를 담은
한 줄 너의 천년 시를 쓰고 싶다.

빠르고 가벼워져요

많아져서 가벼워져요.

자본주의는 시간도 축적하지만
잉여는 진지한 깊이와 무거움에는 머물지 않아요.

신라 천 년의 미소도
반가사유의 기다림도
해인 경판고의 염원도
다산 목민의 애민도

물질 희구의 시대에는
찰나밖에 머물 수 없는 메타를 타고 있어요.

박물관에 고여 있는 예술의 혼령은
몇 푼 동전으로 소비되고
철학관에 설파되는 철인의 요체는
용어 안에 요약되고
도서관에 꽂혀 있는 서책의 향기는
줄거리로 읽힙니다.
〈

삶의 중심부들은 수학 여행객의 초침으로 스쳐
변방으로 밀려나고

시간은 고민 없이 빠르고 가벼워져 가고 있어요.
더 느리고 무거워져야 하는데요.

봄의 질문

잃어버린 시간의 조각들 속
얼어붙은 대지가 숨죽이며 기다린다.
겨울의 마지막 숨결이 녹아내릴 때
봄은 침묵 속에서 조용히 모습을 드러낸다.

차가운 흙 사이로
생명의 눈을 틔우며 꿈틀대기 시작한다.
빛을 향해 손을 뻗는 희망의 표상들,
봄의 캔버스 위에 펼쳐지는 재생의 무늬.

시간은 뒤틀리고 공간은 재편된다.
기억의 파편들이 현재와 과거 사이를 떠돈다.
봄의 색채로 물든 세계는
내면의 혼돈과 외면의 질서 사이를 아슬아슬하게 걷는다.

답은 끝없이 변하고
변화는 존재의 유일한 진실,
자연의 재생, 그 무한한 순환 속에서
우리는 무엇을 잃고 무엇을 얻으며 살아가는가?

詩詩때때

머릿속에서 새가 나부낀다.
몸짓과 언어의 터닝포인트,

한 날갯짓, 한 울림이 흘러나오고
지나간 전생의 그림자가 빛을 던질 때

얽매이지 않은 무릎 세워
청중에게 선보이는 부끄럼은
절간에 기대어 말을 얻는다.

질긴 기다림 속에 감춰진 얼굴은
시간의 유령처럼 저 멀리 사라지고
마음의 문이 열리는 순간

눈에 담긴 꽃을 본떠
이슬 물든 햇살로 얼굴을 씻고

너의 도착을 기다리는 동안,
평생 갇혀 있어도 황홀한 시간.

2부

원遠

더 이상 마라

더, 더 뜨거워져라!
북극의 얼음이 녹아내려
몰디브를 삼키도록.
사막의 모래바람이 불어
아마존의 숲을 덮어버리도록.
지구여, 너는 아직 충분히 앓지 않았다.

더, 더 검게 물들어라!
바다는 유막油膜으로 찬란하고,
하늘은 스모그로 붉은 장막을 펼치며,
도시는 미세먼지로 안개꽃을 피운다.
숨쉬기가 어려울수록
우리는 더 깨끗한 공기를 팔 수 있으니.

더, 더 조용해져라!
빨대에 목이 찢긴 바다거북이
비닐 한 조각을 끝내 삼키고,
유리처럼 반짝이던 돌고래는
폐그물의 손아귀에 붙잡힌 채
검은 파도 속으로 가라앉는다.

〈
더 이상 울지 마라.
이제 바다는 비명을 기억하지 않는다.

날개가 네 개인 새들이
길을 잃고 둥근 해를 맴돌고,
두 개의 입을 가진 물고기가
검은 강에서 허우적거리고,
다섯 개의 다리를 가진 사슴이
불타는 숲을 헤매며 울고 있다.

더 이상 말하지 마라.
이제 인류의 언어는 생명을 말하지 않는다.

조용히 마지막 생기를 내뿜고
푸석한 지구가 푸른빛을 감추면
이윤의 끝자락에서
너희는 손을 맞잡고 외칠 수 있으리다.
완벽한 지구정복의 자축을!
〈

그리고 더 이상 숨 쉬지 마라.
이제 지구는 숨 쉬지 않는다.

유랑하는 디지털 그림자

가상의 거리를 거닐면
디지털 그림자들이 군중을 잠식한다.
픽셀과 클라우드,
각각의 비트가 디지털의 영혼을 녹여낸다.

차가운 시스템의 서리와
네트워크의 시베리아 바람과
용광로처럼 뜨거운 사이버의 열정까지
모두가 그림자의 심연에 용해된다.

기억의 CPU에 저장된 아날로그 시간이
디지털 광속으로 흐르고
날마다 새로운 클릭이 옛 기억을 대체한다.

행려자여! 네 미지의 세월이
키보드의 그림자로 떠돌고
태양의 서버가 뜨거운 코드를 삼키면
디지털대지 위에 흘린 트레이스를 탁본해 내라!

이제는 삶의 유랑을 슬퍼하지 말고

정보의 눈물을 기쁨으로 다운로드해야 할 때,
조상의 데이터가 그랬고
후손의 알고리즘도 그러할 것이다.

바람은 스크롤 속을 불고
비는 스크린 위를 흐르며
태양은 프로세서의 줄을 분출하고
별은 메타버스의 칸을 비출 때

우리는 모두 디지털 유랑인,
스크린을 스치는 바람과 0과 1 사이에 젖는 비
햇볕에 물집 진 부표와 별빛에 조각난 디스플레이

유랑하는 삶을 따라가는
디지털 그림자는 생의 흔적을 수집하고
우리는 끝없는 스트리밍으로 속절없이 포획된다.

코로나의 시대

두 줄기 철심에 가둔 독소의 돌기들
둥근 행성으로 변장하고
바람의 발차기로 날아
인류가 쌓아 온 골대를 노린다.

골을 허용한 자는
바람이 폐쇄된 섬에 위리안치되고
낙인된 자는 추적되고 몰이 되지만
독버섯의 포자는 종족을 폭죽처럼 터트리고
바람을 탄 돌기들은 지구촌 곳곳으로 퍼져나간다.

둥근 포자에 숨긴 갈퀴들이 지나가는 곳마다
여린 풀들 할퀴고 집채는 헐리고
바람과 소문이 만나 흉문의 눈 키우더니
인류의 호흡을 섬유질 속에 가두고
정신의 집 허문다.

독소는 진화하고 뒤를 쫓는 인류는 지쳐가는
저 생명의 운동장,
경기를 응원하는 관중들은 각국 선수들의 헛발질을 조롱

하고
 휘슬을 기다리는 선수들은 지쳐만 간다.

코로나의 형을 살다가 죽어간 죄수의 시체가
소리 없이 암장 되고 태워지는 저 참극은

인류의 오만이 자초한 업보
웃자란 탐욕과 기형이 만든 재앙
우주의 초심을 잃어버린 죄과다.

이제는 푸른 별에서 신열을 내리고
참회의 눈물로 미친 포자를 녹여내고
원초의 순결을 찾으려
모두가 고행을 떠나야 할 시간.

너도 잊고 나도 잊고
모두가 하나였던 원래를 회복해 내야 할 시간.

실낙원

당신으로 물들어 당신을 찾으면
나 당신이 될 수 있을까요?
보이지 않는 색과 만질 수 없는 빛으로
나 당신을 찾을 수 있을까요?

우리는 살아가며
사라지는 것들을 살아내려고
너무 오랫동안 살아가고 있어요.

변기 속 숨겨진 변기를 찾으려
변기에 앉아 허공을 보면
뭉쳐진 배설이 풀릴 수 있을까요?

어떠한 수사로도
수사할 수 없는 당신을
사수하고 싶은데,
앙금으로 앙다문 앙심이 남아 있고
어둠으로 어두운 어둠이 꼬여 있어요.

별이 된 빛과 열이 된 꽃으로

당신 이름 불러보면
오랜 뒤에 계속 따라오는 따스함과
오랜 뒤에 계속 남겨지는 그리움에
나 당신 속에 오래 머물고 싶어지는데 말이죠.

그림자의 유랑

오가는 군중 속 흑백에 갇힌 그림자들,
빛과 어둠 사이 우리는 누구인가?

차가운 벽 속의 이야기와
시베리아의 칼날 바람과
용광로 같은 적도의 사랑도
모두 그림자 속에 스며든다.

그림자에 쌓인 기억들로
매일 죽고 새롭게 태어나는
수묵의 시간 여행자들.

행려자여!
잃어버린 시간을 탁본하여
태양의 눈물로 쓰인 편지를 읽고
피의 세월을 기쁨으로 마셔라.

바람은 바람을 불러오고
조상의 길을 따라
자손의 걸음을 예견할 수 있다.

〈
바람이 부르는 노래
비가 그리는 물집
별들이 떼어내는 살점.

우리는 모두 유랑인,
바람을 품는 비를 맞고
태양을 쫓는 별을 줍고

유랑을 쫓는 그림자가
생의 흔적을 담고 사라져간다.

입술이 사라져간다

말을 없애지 않았다.
창가 저녁 빛에 닿는 노래의 현을 통해
초록 입술을 뿜어낸다.
자신감으로 슬퍼하기는 쉬웠다.
숨 막히는 진실 속에서
뻣뻣해지고 움츠러드는 표정,
네 몸 한구석 말해야 할 곳은 없었어
찢어진 눈동자가 땅에 떨어지고
내 귀에 닿기 힘든 소리
투쟁하고 넘어진다.
하늘에서 떨어져 지금까지 숨겨진 별을
꿈꿀 수 있다면
지난 일상은 안정될 것인가?
누운 흔적 속에서도
왜 옛 꽃과 헛꿈만 조용히 피어나는가?
죽음의 망각, 그것은
내 입술 근처 어딘가에서 말라 가고
흩어져 있는 길을 따라 올라온다.
내 입술을 적신 생명의 확인,
죽어가는 건망증,
내 기억 근처 어딘가에 바닥이 산다.

공空

그릴 수 없을 때까지 그리고
지울 수 없을 때까지 지워서
비움에 모든 것 담는다.

음식 맛의 절반은 추억,
그 빈 추억이 재즈처럼
수묵의 번짐을 낳는다.

기질을 바꾸는 것은 우주를 바꾸는 일,
빈자리를 늘리는 여정이다.

방향을 잡아 나를 비우는 일,
천장을 밟고 창밖까지 걸어 나간다면
텅 빈 하늘 바다를 걸을 수 있을까?

바람과 파도가 힘을 합쳐
부딪히고 기억을 부수는 것은
정체성을 찾으려는 체위,

바람은 공기를 가둘 수 없고
공기는 형체를 남기지 않는다.

시인은 모두 죽었다

나는 시인이 아니다.

꽃이 피는 것은
우주의 한 공간이 열리고
겨울을 이겨낸 생명의 화관이
펼쳐진 것이라고 말할 뿐

보이지 않는 별들 속 별들이
지상으로 신호 보내는 점등식임을
알지 못하는 나는

시인이 아니다.

나뭇잎이 떨어짐은
추위에 적응하려는
잎자루의 몸부림이라고 말할 뿐

광막한 저 우주의 호흡에 발맞춰
살점 내어준 땅으로
자신을 돌려주는 살점임을

알지 못하는 나는

시인이 아니다.

남의 시를 쓰고 남의 시를 말할 뿐
자연을 쓰지 못하고
우주를 말하지 못하는 나는

시인이 아니다.

사람이 꽃피고
사람이 소멸하는 것에
체온이 오고 체온이 가는 것에
언어가 따르고

시의 걸음이 아닌
관념의 걸음을 따르는,
언어의 수레는 넘쳐난다.

지상의 모든 시인은 죽었다.

버려진 팬티

산책로 옆 숲속에 둥치 잃은 허물이 있다.

버림받은 주검에 짙게 배어 있는 연민,
누군가의 내밀했던 절실함이
누군가의 잘못으로 희생이 된 흔적이다.

둥치가 팬티를 내려야 하는 순간은
가장 원초적인 순간,
산책 중 급히 팬티를 내릴 때면
녹색 화장지가 올려줘야 한다.

절실한 표피는 버려질 수 없고
눈 감고 고요히 귀 기울이는 아침의 숲에서
팬티는 바위와 엉덩이 사이에서 따스한 표피로 스민다.

세상에 버려질 팬티는 없고
서로의 살갗으로 살아가야 한다고 숲이 말을 건다.

일용직 노동자도 이 사회의 따스한 몸피라고.

AI 낙원

이제 숲은 필요 없다.
우리는 더 나은 방법을 찾았다.
유기농 플라스틱 나무는
잎이 떨어지지 않고
뿌리를 내리지 않는다.

물도, 흙도, 공기도 필요 없다.
공장에서 찍어내면
언제 어디서든 자연을 배치할 수 있다.

하늘은 매일 맑다.
비는 스프링클러에서 내리고
구름은 LED로 조절된다.
우리는 기후를 통제할 수 있다.
계절도, 날씨도, 필요 없어진 지 오래

공기는 항상 깨끗하다.
필터를 통과한 산소만이 허락되고
숨 쉴 권리는 구독제로 제공된다.
쓰레기는 완벽히 재활용된다.

바다에 떠 있는 섬이 되어

이제 더 이상 지구를 걱정할 필요가 없다.
숲이 사라질 일도,
강물이 오염될 일도 없다.
우리는 마침내 문제를 해결했다.
아무것도 남기지 않음으로써

하지만 모든 것이 완벽한 이곳,
무균의 공기 속에서
흙냄새 한 줌이 그리워지며
잃은 것은 무엇일까?

잎맥 따라 번지던 빛,
아이의 웃음처럼 들쑥날쑥한 계절,
벌레 우는 밤의 서걱거림조차
사실은 생명이 건네던 인사였고
자연은 그대로였기에 아름다웠구나!

바람으로 닳고 빛으로 깎이며

물로 반짝이며 그대로의 생명을 품는
자연의 향기가 그립다.

홀로 된 짝

장마 그친 샛강의 둑에 신발 한 짝 걸쳐 있다.
헐렁한 신발 끈과 벌어진 뒤꿈치에 아롱진
주인의 체취가 배어나고 있다.

한날한시에 부부로 만났으나
떠나갈 때는 무심으로 갈렸구나!

주인 따라왔다가 사라져간
한쪽을 잃은 반쪽은
저승길 발맞추지 못한 한을 담아
멍한 빈 배로 강물만 듣고 있다.

둘이서 한 주인을 섬기는 몸종의 일은
마주 보는 낙으로 견딜 수 있었고
둘이서 한 길을 받드는 고행의 길은
스쳐보는 설렘으로 이길 수 있었는데

홀로 남아 망부석처럼
흘러가는 강물만 쳐다보며
함께했던 추억만 되새김한다.

〈
비가 오나 눈이 오나
강둑에 의지한 채
오가는 짝들의 소리를 엿들으며
낡은 시간 견디는 저 푸른 애수여!

고향의 낡은 함석집 툇마루엔
논밭을 함께 다듬던 삶이 홀로 남아
멍든 시간 견디고 있을 것이다.

푸른 별의 마지막 구절

파란 심장이 천천히 질식한다.
투명했던 강물은 이제
눈물을 흘릴 줄 모른다.
흙은 숨구멍을 잃고
바다는 검은 피를 토한다.

숲은 붉게 타오르는 혀를 내밀고
나무들은 비명을 삼킨 채
재가 되어 흩어진다.
불길이 지나간 자리엔
까맣게 그을린 기억만 남아
새들의 노래조차 길을 잃는다.

도시는 철과 유리의 덩굴이 되어
하늘을 갉아먹고
회색 바람이 거리를 떠돈다.
사람들은 마스크를 벗지 못한 채
하늘을 올려다보지만,
별들은 이미 등을 돌린 지 오래
〈

기계는 쉼 없이 굴러가고,
손익계산서에 박제된 생명은
이윤 곡선 아래 무너진다.
값을 매길 수 없는 것들이
차례로 경매에 오르고,
지구는 가장 싼값에 팔려나간다

고래는 비닐을 삼키고,
북극곰은 녹아내리는 얼음 위에서
서서히 옛 그림자로 변해간다.
사막은 물의 기억을 잃고,
강은 물고기의 이름을 잃고,
지구는 사람의 꿈을 잃는다.

푸른 별이 쓰는 마지막 구절
"나는 너희를 품었지만,
너희는 나를 버렸다."

3부

익益

분재의 사랑법

너의 시선이 흐르는 곳으로
여린 잎 틔우고

너의 입술이 닿는 곳으로
향긋한 꽃 피우고

너의 심장 소리 모아
커가는 열매를 키우며

너, 머무는 곳에
나, 배경이 될 수 있도록

거목이 되려던 꿈을
기꺼이 잘라낸다.

푸른 나무도서관에서 줍는 소리들

책이 좋아 흙 속에서 푸른 나무도서관으로 나왔어요.

가는 발가락을 가늘게 더듬어 책장을 넘겨 가요.

책을 읽고 소리를 얻으면 숲에는 소리가 가득해져요.

고막을 찌르는 고성은 난독으로 잘못 얻은 소리여요.

음을 추려 정음으로 묶으면 묵음도 잘 해석돼요.

하고 싶은 말이 간절해질 때 소리는 침묵해요.

허물을 벗고 남긴 허상은 나무의 영역입니다.

울음을 폐관한 자리에서는 공기가 소리를 켜고 있어요.

풍경의 사진은 소리를 담는 음반이 될 수 없어요.

 땅속 칠 년의 길이라서 소리의 음역은 길 수밖에 없거든요.

〈

당신은 저 소리를 이생의 철필로 잘 녹음하고 있나요?

당신이 편집하는 소리를 짐작해 봅니다.

소음 가득한 서고에서 걸러진 맑은소리가 당신처럼 내게 오고

절실함으로 건너는 내 소리는 당신의 음역으로 스며들고 싶어집니다.

내 소리도 당신의 한 소절로 담길 수 있을까요?

역이逆耳

칠월이 가고 팔월이 손짓할 때는
암마이산 능소화의 역류를 보러가거라.

영신각과 미륵불 합심하여 수만 겁 정기 끌어다
어미의 아늑한 바위틈에 생명의 심지 내리었다.

천년의 고행 한 뼘의 눈을 키웠고
혹한과 혹서에 부르트고 비틀린 심장 움켜쥐고
오로지 높은 하늘에 비친 님의 얼굴 그리며 수직의 벼랑
길을 올랐다.

우주 속 영롱한 소식 찾아 두 귀 세운 마이산 속곳에
시타르타의 실핏줄이 마른 갈비뼈 타고 면벽을 나르고
천지 오방 약사 월광 일광*을 팔진도법으로 세운 만불탑,
용화세계 수행중이다.

억겁의 바람과 사연이 곪은 바위를 데려와
팔도명산의 정기로 천공을 이룬 이갑룡**,
청강을 다독여 으뜸용으로 나르니
비늘과 살점을 발라 눈물로 갠
돌 하나에 별 빛 하나를 얹고

줄사철나무 천년 이끼 푸른 물감 퍼트린다.

팔진도법은 흔들탑*** 으로 향하고
신령의 비문
밤마다 풍경風磬으로 전해지고
신서神書는 마이산 벼랑위로 필사된다.

늑골 위 능소화의 푸른 물결은
탑신에서 하늘 찌르는 역고드름 당기고
능소화의 핏빛 뿌리는
풍경소리 다듬어 화암굴華岩窟****을 향한다.

칠월이가고 팔월이 손짓할 때는
암마이산 능소화의 역류를 보러가거라.
거기선 모두가 아래를 채워서 위로 빛나는 생이 된다.

* 마이산 만불탑 중 주요탑들의 이름
** 마이산에서 30년간 돌탑을 팔도명산의 돌들을 섞어 쌓은 효령대군 16대손
*** 마이산 만불탑 중 중앙에 있는 돌탑(중앙탑)
**** 숫 마이산 중턱에 갈라진 틈으로 샘물이 솟아 나오는 곳임

새의 점자

새의 본질은 바람을 타는 데 있어
나는 새는 족적을 남기지 아니한다.

날기 위해 소리를 다듬을 뿐
지붕을 내지 않는다.

허공의 언어로만 기록을 남기어
바람만이 필사할 수 있고
분절된 상처는 바람만이 깁는다.

새가 음파로 아침을 깨우는 것은
밤새 썼던 언어를 다듬는 일

안개가 언어를 가리고
빗물이 언어를 지워도

새는 포기하지 않고
자기 언어를 매일 아침 바람 위에 띄어 쓴다.

언어의 뼈를 비우고

사이와 사이를 이어서 새가 되는 언어는
더 멀리 더 높이 쓰여 갈 뿐이다.

숲을 떠나온 부리는
도시의 허방을 쫓지만

나무에서의 호흡을
포기하지 않은 새는
바람을 높이 타 절창으로 난다.

연리지 連理枝

소나무와 등을 마주 댄다.

땅속의 이야기를 전해 듣고

땅 위의 이야기를 전해 준다.

네 푸른 옷 한 벌과 내 푸른 마음 한 벌이면 족하니

비바람과 눈보라 속을 갈지라도

한 몸으로 푸른 중심 세워 가자 말한다.

반쪽으로 만나 온전한 하나를 이루어

하나로 호흡하는 연인, 진한 솔향이

수피樹皮를 타고 내 핏줄로 흐르고 있다.

둔덕*학교

눈을 항시 아래로 낮추고
보지 못하는 것을 먼저 보는 둔덕은
스스로 깨치는 것들을 내려다본다.

때가 되면 꽃이 피고
새알도 부화하여 날갯짓하고,
연어들도 생을 찾아 귀천한다.

둔덕이 새겨온 시간은
겸손과 순리를 쉬 가르치고 있는데
학교 아래에는 학원버스가 대기 중이다.

위를 보는 방법을 가르치는 훈련소로
호송하는 버스는 가득 채워져 떠나고
운동장은 텅 비어져 쓸쓸하다.

댓잎이 귀 열어 바람 들일 때
그 소리가 맑은 이유는
댓잎과 바람의 흔들림을 담는 둔덕에 있는데···.

* 둔덕 : 언덕의 방언(함남, 황해)

머리카락 짚신

짚신에 엮어 머리로 걸었다.
사랑의 무게를 신발에 담아
영혼의 경계를 넘는 걸음으로,

산청에서 안동까지 오백 리 길
백성들의 발길은 머리카락 속에 푸근하고
감사의 매듭을 엮는 결초보은 행렬이다.

한 여인, 전주 이씨
사랑과 도리를 한데 엮어
모르는 이름을 남겼다.

김대현의 무덤 옆에 묻힌 이씨의 마음
영원히 기억될 머리카락의 정신으로
영생을 이은 여인의 사랑.

소중한 전부를 내어주는 징표로
오미 마을에서 풍산까지,
아홉 그루 버드나무 아래 숨 쉬고 있다.

가위 날, 바늘 귀

새가 되어 천하를 자르는 부리로 날고 싶었지만
돌 속에 탯줄을 둔 무게가
날갯죽지를 옭아매어 승천을 방해한다.
천출이라 새가 되지 못한 한이 날을 세우고
지상의 만만한 것들을 닥치는 대로 잘라낸다.
외계의 독선을 자르고 비틀림을 잘라
문명文名을 떨치지만
자신 속 왜곡은 잘라내지 못한다.
너무 굳센 가새*라서 둥글지 못하고
뾰족한 두 날개는 부딪혀 동강이 나
다시 돌에 근원을 둔 천민족賤民族 폐철로 환속한다.
사는 동안 잘라냈던 조각들을 기워 속죄하려면,
다시 뜨거운 불구덩이에 담겨 몸속의 독선을 녹여내고
막혔던 귀 하나 달아내야 한다.
그 귀로 바람 소리와 달빛과 이슬을 꿰어서
억울한 혼령들 모시어 제단에 올리면
세상엔 밝은 달, 영롱한 별 다시 빛나고
댓잎도 귀를 열고 바람 맞아 맑은소리 켜겠다.

* 가새 ; 가위의 방언(강원, 경기, 경상, 전라, 충청, 함경), 새(假鳥)의 중의적 의미도 의도함.

오늘의 춤이 내일의 춤을 오게 한다

가자, 하나의 영토로!
우리가 사랑해야 할
오늘 하루가 최고의 날이다.

날마다 최고의 날로 가면
내일을 노래하지 않아도
날마다 최고의 내일이다.

삶에 있어 예약은
비루한 구걸이다.

과거와 미래는 현재를 위한 조연

물밑으로 숨겨온
말 못 한 사연일랑
물이랑에 숨겨 노을로 덮자

오늘 사랑에 충실하면
반복되는 노을 속 포말
퍼렇게 부서지는 울음도 멈출 수 있다.

〈
지금 춤출 줄 모르는 자
내일의 사랑에 몸치가 된다.

지금 너의 춤이 내일의 춤을 오게 한다.

가자, 우리
내일을 짝사랑하지 말고
오늘을 즐겨 사랑을 물들이자!

자연, 나의 길

하늘과 땅을 조각하여
아무런 받침 없이 허공에
너의 공원을 세운다.

너는 묵언의 경전

너를 모르면
나비가 한쪽 날개로는 날 수 없듯
영혼이 서지 못하는 절름발이

스스로 그러하므로
달의 소리가 대지 위로 흐를 수 있고
물고기의 길이 물속에서 흐를 수 있다.

영혼의 추출물이 흐르는 길은
너에 맞닿아 있고
너를 번역하는 것이 나의 길이다.

그리하여
스스로의 그러한 삶이
제 궤도에 놓여 흐를 것이다.

유월의 장미에게

붉은 장미꽃, 파란 잔디 위로
여린 소녀의 동공처럼 맑은 미소 머금고
나의 사랑 피어나네!

밀어가 된 향기, 천국으로 향하고
붉게 열린 입술 위로 흐르는 유혹
나의 심장 피어나네!

사랑 노래, 푸르른 언덕에 퍼져나가고
가시 찔린 선혈로 아려도
영원히 계속될 우리의 사랑 이야기.

너는 릴케를 버린
내 사랑의 화인火印.

코로나藥

하얀 장벽이 너와 나를 차단한다.
너와 나는 언어 너머에 있고
눈과 몸의 언어로 전체를 주고받는 들숨과 날숨이 된다.

바이러스를 가릴수록
세상의 요철과 명암이 곳곳에서 드러난다.

선진 민주주의의 포장된 차별이 드러나고
후진 독재주의의 철장된 억압이 드러나고
지구촌 마을마다 위장된 부패가 드러난다.

생과 사를 연결하려는 코로나와
생과 사를 나누려는 마스크 사이에는
존엄과 추악의 프리즘이 자리한다.

서로의 거리마다 기생하던 이기와 욕망이
고름 되어 들숨과 날숨으로 풍긴다.

지구촌 생명과 문명에 반문하고 답하라는
코로나의 절규다.

〈
껍질 없는 정의로 돌아가라,
부종 없는 정신으로 돌아가라,
가면 없는 간극으로 돌아와라.

4부

청淸

풍경

오염에 찌든 언어 밖의 세계로
언어에 기생하지 않고 언어화되지 않는다.

알몸으로 술렁이는 비의秘意,
살아 움직이는 발화로
알맹이 없는 허물을 적재하지 않는다.

문자의 수레가 닿을 수 없는 곳에
풍경의 소리가 있다.
의미에 대한 집착과 욕망을 버린 곳에 있다.

왜곡과 착각이 범람하는 언어에
화두를 던지는 풍경에는
근원에서 온 바람 소리가 살고 있다.

나의 풍경은 휴대폰에 잡히지 않고
언어의 그물에 걸리지 않는다.
걸림 없는 바람의 집이 내 가슴에 있다.

홀로의 시공 時空

우주의 끝을 이루는
별들의 맑은 빛을 따라 에고를 다듬으며
끊임없이 내면의 조각을 찾아간다.

시간과 공간이 하나가 되어
내 안의 감정들이
생겨나고 사라지는 것을 지켜본다.

시간은 흐르는 듯 멈춰 있고
공간은 비어 있는 듯 가득 차 있다.

홀로 걷는 길 위에도
언젠가 남겨진 발자국이 피어나듯
모든 것은 소멸 속에서 새로워진다.

한 올씩 엮인 인연들이 스러져도
빛은 사라지지 않고
어딘가의 하늘로 스며든다.

무궁한 우주가 둘러싸고 있지만

그들은 홀로 있다.

사유의 골짜기에 눈물이 괴어도
에고가 슬프지 않은 것은
홀로의 시공이 충만하기 때문이다.

빛은 다른 시간 속에서
서로의 여운으로 이어져
새로운 이름으로 피어나리라.

나는 소유하지 않지만
시공은 나와 함께한다.

대산 이상정

대산 이상정,
꽃산에 비가 내리고 다섯 용이 하늘을 나는데
그중 하나는 당신, 이 땅의 선생이었다.
대산, 육지를 떠나는 배처럼 자유롭고 무거운 존재

퇴계의 영혼에서 빌린 빛,
선생의 선조 이색에서 흘러나온 학문의 강,
이재 문하에서 성리학의 진수를 마시며
조선 정신의 우듬지로 영남 학맥을 이어냈다.

관직이라는 무거운 옷을 벗어 던진 채
선생은 대산서당에 꽃피워내니
제자 273명, 그 이름들은
선생의 학문과 덕을 온 세상에 퍼뜨렸다.

소퇴계라 불리우며
고향의 터전에서 후학을 가르치던 그 자리,
이제는 고산서원의 그늘에
선생의 위패와 함께 동생 광정도 함께 모셔지니
〈

정요대 위에 타오르는 관솔불처럼
선생의 가르침은 영원히 빛나고
그 길 따라 우리도 지혜의 용이 되어
진리의 바다로 항해하리!

山은

고요한 어깨를 내어주며
발길을 올려줍니다.

대지의 숨결이 퍼지는 시작점으로서
내면을 열어주는 열쇠가 되어
맨가슴을 떨게 하는 山은,

내 안의 하늘과 땅, 바람과 물을
그의 영혼에 연결시켜
시간의 순환과 생의 소리를 가르치며
하늘과 대화하듯 서 있는 山은,

정수리에 오르면
가슴을 풀어주는 바람의 노래로
시공의 경계를 살라
나를 영원하게 합니다.

자연을 담은 하늘의 감정,
성좌星座를 연결하는 열린 문,
경배하는 것들의 거처인 山은,

〈
태초부터 베낀 역사책이라서
산에서 깨어나는 아침은
새로운 우주 탄생을 보는 듯
신성한 빛으로 벼린 영광을 줍니다.

나는, 오늘도 산이 되고자
허물을 산에 맡기며
철 놓친 꽃들도 품는 산을 오릅니다.

허공의 그림

한 점을 찍으면
거기 세계가 열리고
선을 긋는 순간
시간이 흐르기 시작한다.

빛이 번지면 色이 되고
어둠이 스며들면 空이 된다.
눈앞에 있지만 손을 대면 사라지는
물안개 같은 형상들

파문은 퍼지다가 사라지고
물결이 잠잠해지면
모든 것이 본래 無였음을 알게 된다.

붓끝이 멈추는 순간
그림은 완성되는 것이 아니라
흩어지는 것,

存在란
펼쳐놓고 보면 한 조각의 색채지만

눈을 감으면 처음부터 없었던 것,

우리는 흔들리는 바람 속에서
움직이는 점과 선을 보며
그것을 세계라 착각할 뿐.

친구들에게

친구여! 우리들의 육신은

언제나

큰 가슴으로 세상 어둠 사르고 환하게 웃는 얼굴,

아픈 영혼 맑게 씻어 주는 눈망울,

태산 같은 정의의 자긍심 지키는 오뚝한 코,

백성의 말이 되어주는 노도와 같은 입,

촌부의 한숨 소리 부담 없이 찾아드는 아늑한 귀,

암울한 시대의 벽 폭풍처럼 허무는 인후부,

불의를 삼켜버릴 용광로 같은 심장,

번갯불에 부딪혀도 꺾이지 않는 신의의 팔뚝,

찢긴 가슴앓이 낫게 해주는 따스한 손마디,

압박받는 이들의 울타리 되어주는 튼실한 정강이,

사랑으로 우주를 엮어주는 무릎,

약한 자의 지팡이 되어주는 건강한 종아리,

헐벗고 지친 자의 등불로 찾아가는 발이 될지어라!

* 1980년 10월 15일. 고2 가을에 쓰다.

하루살이 지청구

난 너보다 수억 년 먼저 지구를 지켜왔다.

넌 따스한 양수에서 삼백여 일 만에 만들어졌지만
난 천 일을 넘게 물속 추위와 포식자를 이겨내야 했다.

넌 백 년을 산들 하늘을 가져보지 못하지만
난 한 번의 우화羽化로 하늘의 주인이 된다.

넌 잣대에 따라 사랑을 옮겨가지만
난 온 생을 한 사랑에 머문다.

넌 출세와 물욕의 무덤에 머물지만
난 사랑 뒤에 입을 지워 무욕의 영토에 머문다.

말로만 사랑을 외치는 사람이여,
오롯한 사랑이란 생명을 초월할 때 가능한 것이다.

너는 죽는 순간조차 욕망을 잉태하지만
나는 죽는 순간 사랑의 결정結晶만을 낳는다.
〈

생사의 경계, 사랑의 날갯짓이 여름밤을 수놓을 때
네 탐욕의 손, 허공에 휘젓지 말라.

너보다 앞서 삼억 오천만 년 전부터 지켜온 지구별,
난 앞으로도 너보다 더 오래 지켜가야 한다.

넌 진실한 사랑법 하나가
지구를 지켜온 근원임을 기억하거라.

한겨울 태백산 비망록

하늘은 흰 눈의 외투를 두르고
주목은 붉은 껍질 속에 시간을 품는다.
바람은 태백의 이마에 향기를 남기고
흔적은 시간을 지운다.

주목과 바람의 밀회를
흰 눈은 목젖으로 삼키고
당신의 생각은 낙인이 되어
걸음마다 따라와 길을 새긴다.

태백의 어깨 위에
흰 선으로 당신 얼굴을 그리면,
곱게 거른 햇살 속에
태초의 음계가 내게로 흐른다.

사랑은 황홀한 유폐,
당신의 예민한 촉수는
바람 속 진리를 파헤치며
서로는 서로에게 갇힌다.
〈

발가벗겨진 제단 위에
시공이 무한으로 흐르고
얼어붙은 바람 속에
세월의 문장은 별빛처럼 새겨진다.

천년의 문장 속에
푸른 수도승을 세우고
영원한 궤도 안에
불멸의 씨앗을 심는다.

옷고름처럼 정갈하게 내려앉은 밤,
촛불이 꺼지면
우주의 숨통은 트이고
화엄은 끝없는 시간을 품는다.

서로를 감싸안은 서로는
무한 속에 영원히 머문다.

좋은 집

책갈피에 죽어 있는 벌레 글자 하나,
문자가 되지 못한 육화다.
생명이 빠져나간 몸짓 언어에는
온기가 없고 입체 잃은 평면이다.

매일 종이 위에 압사되는 문자들은
삶을 떼어놓는 작가의 살점인데
쏟아지는 글자들의 무덤인 책에
온기와 맥박을 불어넣지 못하는 독자는
허방치기 맹인이다.

문자의 뼈와 유전을 잘 추려 놓은 책은
가볍고 깊어 아름답다.
성가신 하루살이 떼들을 제거하고
영롱한 결정을 건져 올린 글 줄에서
생명과 온기의 근원을 찾기가 쉽다.

무게를 뺀 글의 집에는
일순간 살아나는 촉수들이 빼곡히 담겨 있어
가볍지만 강렬한 맥박이 살고 있다.

〈
죽어서도 영생하는
숨결이 담긴 집을 갖고 싶다.

얼굴

새벽 설핏 잠에서 깨니 모로 누운 얼굴이 나를 보고 있다.

쌔근거리는 얼굴에 담겨 있는 얼굴들,

딸아이의 얼굴과 장모님의 얼굴과 내 얼굴까지 다 담겨 있다.

한세상 같이 살다 보면 모든 것을 담아내야 하는 것이 아내라는 얼굴인가 보다.

우린 수천 길 꿈속 다른 길을 걷는 순간마저 마주 보는 육신으로 닮아가는구나.

저 잠은 곧 아침 일찍 학교 갈 아들을 챙기고 딸의 출근길 챙기고

나의 출근까지 챙기느라 조각날 잠이 되겠지.

수십 년을 어둠 속에서 같은 호흡 나눴으니
〈

같은 모습이 될 수밖에.

나 또한 저 얼굴을 내 얼굴에 담았으려니 그대의 허물은 내 것이다.

이제는 그대를 불러 나라고 해도 되겠구나.

여명이 침실을 엿보고 있는 시간이지만

잠이 조각나지 않도록

살포시 벗겨진 이불을 덮어 줘야겠다.

삼뭇돌, 안동의 시간

삼뭇돌* 위에 쌓인 시간을 풀어내면
누각의 그림자는 제남루를 삼키고
망호루의 고요가 소란스러운 과거를 불러온다.

백성들 앞 수령의 외침은
백 개의 경계를 한 벌罰로 세우고
종로**의 발걸음은 역사의 중심으로 향한다.

본정통*** 일장기 아래 숨죽여 살던 절규가 역류하고
예안에서 밤새 몰려온 만세가 새벽을 밝히니
서부리**** 선성산에서 시작한 함성은
독립의 꿈 타고 일제의 서슬을 끊어낸다.

은행***** 앞 이상동의 외침이 메아리치면
태극기는 칼바람에 맞서 펄럭이고
소산동의 교회는 아픈 역사를 다독인다.

송천동에서 밀려든 유림의 물결과
웅부공원의 순국자 40인의 무게는
역사의 눈물로 흘러갔지만

〈
당신의 과거는 우리의 현재,
당신의 아픔은 우리의 노래,
삼뭇돌에 쌓여 우리의 시간으로 흐른다.

* 현재 안동보건소 앞에서 동쪽으로 장거리, 객사들이 들어차 있던 안동시 중심 지역(안동시 삼산동).
** 종루가 있는 거리, 신한은행에서 중앙파출소에 이르는 거리.
*** 일제가 잠식한, 일제의 경제 수탈 기구가 모여 있던 거리의 통로.
**** 안동시 도산면 서부리.
***** 삼산동 신한은행, 3.1운동의 성지.

存在의 시간

점이 있어도 점이 아니다.
보이지만 살펴보면 점이 없다.

움직이는 것은 존재하는 것이 아니다.
움직이지 않는 것도 존재하지 않는다.

空이 변하고 色이 변한다.
변화되는 틈 사이에 時間이 존재한다.

모든 것은 무한히 멀어져 버리거나
한 점으로 압축되면 흔적조차 없다.

열면 시간이고 닫히면 무상이니
저 혼자 존재할 리가 없다.

있다고 보이는 착각은
바람에 잎이 흔들리는 상일 뿐

존재의 허상이 열고 닫는 데 따라
뇌 속에 공과 색이 변하는 것이다.

〈
몸이란 뇌의 아바타,
뇌가 변화하지 않으면 몸은 퇴화하고

宇宙를 통째로 품은 뇌가 있어
스스로가 存在한다.

23.5

달과 지구가 몸을 섞을 때,
태양은 그들을 비추어 기울기를 엿보고
지구가 바다에 길을 열 때,
바다는 엉덩이를 들썩여 푸른 주름 편다.

저 멀리서 들려오는 혹등고래의 울음소리에는
북극에서 적도까지 흐른 물의 향기가 젖어 있고
저 빙하 위 밀려가는 훔볼트펭귄의 깃털에는
남극에서 적도까지 이른 생의 역사가 새겨 있다.

23.5도는 달과 지구의 사랑 축,
해류는 지구의 리듬에 따라 물결 나누고,
대류는 달의 입김에 따라 계절 바꾼다.

해류가 토해낸 향기,
바람이 숙성한 영토,
기울기에 기댄 생명의 순리

부비새의 푸른 발, 인드라 원숭이의 허공
지키려고 달이 차오를 때마다

지구도 꽁지에 힘을 모은다.

플라스틱이 바다의 양수를 찌르고,
문명이 대지의 사지를 자르는 것은
달과 지구의 꼬리를 뽑아
생명의 축을 없애는 야만

이제는 너의 무게가
생의 마지막 자전에 닿기 전
23.5를 지킬 마지막 시간,
네 자손도 기댈 푸르른 기울기.

5부

연緣

연緣의 빛

무주茂朱는 천상으로 향하는 통로.

마당에서 보는 안드로메다 M31,
너의 빛은 아담과 이브 이전에 지구로 출발한 신호.
장독대 뚜껑에 고인 물속 궁수자리 A,
너의 빛은 우주먼지가 지구에 착륙해 노는 흔적.

연인의 모습은 언제나 과거일 뿐
멀리 볼수록 퀘이사를 더 많이 본다.

내가 잃은 사랑도 먼지로 떠돌고
별들의 연금술에 의해 만들어진 지상의 모든 것은
빛과 먼지의 성교,
내 사랑도 너와의 성교로 긴 꼬리 유성이 되었다.

천상에서 빛과 먼지로 내려주는 연서는
지상의 두 몸에 담긴 하나의 영혼,

나는 오늘도 육신을 버리고
숨겨진 빛의 흔적을 추적해 가네.

구시*

행랑 부뚜막 옆 외양간에
늙은 통나무 구시가 있었네.

깊은 산중에서 끌려와 벗겨진 채
허기진 황소의 둥근 뱃속으로
잘 익은 여물을 채워주던 구시.

지금은 외양간에서 해방되어
민속박물관 한켠에 놓여
해묵은 고린내를 삭히고 있네.

늙은 누렁이도 도축장으로 끌려가
늙은 구시처럼 벗겨진 채 누웠겠지.

고향집 행랑 앞
사라진 구시 위로 여물의 되새김이
김 서려 되살아 오르는데

파인 뱃속에 뜨거운 여물 보듬던 구시는
육 남매를 품어낸 아비,

선산에 누워 전생을 되새김하겠네.

기억을 도굴하는 수장고 앞에서
물기 잃은 구시를 오랫동안 보는데
뜨거운 김이 눈시울을 적시네.

* 구시 : 구유의 방언(경상, 전라, 충청, 함경).

귀로歸路

대학교 앞 보도블록 위
트고 벌어진 신발 속에
일 학년이 서 있다.

금호동 누나네,
뫼 바위 화두처럼 이고 선
판잣집까지의 하굣길

지갑은 허기지고
뱃가죽은 등짝에 붙어
버스로 오르는 길이 막혀 있다.

천애의 안나푸르나 벼랑길은
가시 박힌 몸을 올려야 하는
탁발의 순례길

전화부스가 있는 무대,
관객은 가로등과 겨울나무고
조명은 어둠을 자르는 도시의 빛
〈

전화 한 통, 동전 이십 원
지갑으로 들어가서 풍경처럼 울고
빈 수화기는 방언을 풀어낸다.

막마다 적선이 쌓이면
정토를 향한 사다리가 놓이고
버스에 올라탄 신발 속 공기가

안암 로터리,
신설 로터리,
금호 로터리를 따라 돌고 돈다.

구멍 난 신발과 발가락이
육신을 지탱해 준 보시로
바라밀$_{波羅密}$에 닻을 내리면

허공에 찔린 가슴은
누나네 정류장에 정박하고
새내기 눈망울이 영롱한 구슬을 꿴다.

태평동

돈에 밀려나 야밤에 트럭에서 목숨 부려진 곳
산비탈 천막에서 흙물 먹고 생명을 이어낸 이곳은
광주가 성남이 되고
탄리가 태평이 된 곳이다.

전깃불 없는 벼랑에서 한숨의 별빛을 쬐었고
헝겊 이어 바람을 막고 검불 모아 체온을 덮어
온 가족이 노상에서 겨울을 났다.

사람을 사람답게 감싸는 무지개가 아련히 피어나고
벼랑의 모진 생이 평탄을 찾을 때까지
반백 년 넘게 세월은 늙어갔고 고난은 헐거워져 갔다.

이제는
스무 평 땅 조각 위에서 삼대가 함께 살고
골목이 마당을 대신하고
옥상이 동네 사랑방 되어
거리마다 따스한 풍경 넘실댄다.

사람이 사람으로 살아가고

남녀노소가 친구 되고 혈육 되어
마음을 깁고 수선하는 마음세탁소가 있는 곳,
쌀과 보리가 물과 정을 이어 사랑이 오가는 태평동은
변방으로 밀려나는 삶들을 단단한 붙들어 주는 중심이
됐다.

예술과 주민이 생활 속에 온전히 스며들고
너의 태평과 나의 태평 모아
우리의 태평을 이루는 이곳에는

낡은 창살과 색 바랜 벽돌에서
한국의 미를 찾아내고 그려내 살리는 무명 화가가 있고
어둠 속 숨겨진 별을 찾는 아마추어 천문학자가 있어

오늘도 영선이네*에는
가락국수와 우동의 면발이 살갑게 익어갈 수 있다.

* 영선이네 : 영선이라는 처녀가 운영하는 태평동 골목에 자리 잡은 분식점 상호

하회탈의 얼굴

밤하늘 별처럼
안동의 노래가 반짝이는 마을,
그 속에 숨 쉬는
하회의 얼굴에 새겨진 우주의 시간들.

나무의 역사를 깎던 허 도령의 영혼이
탈의 눈으로 드나들 때
세상의 무늬가
탈의 얼굴에 피어난다.

나뭇결에 깃든 천 년의 고요,
눈빛 하나 웃음 하나에 담긴
성속聖俗의 희로애락은
얼굴 속의 또 다른 얼굴,

너는 고정된 얼굴이 아니고
네가 아닌 모두의 얼굴,
슬픔과 기쁨이 만나
행복을 나누는 주름이 된다.
〈

별신굿 황홀한 춤사위 속
신비는 더욱 깊어갈 때
하회탈, 그 신의 조각들은
고향으로의 긴 여정을 향하고

각시와 양반이, 초랭이와 부네를 만나
서로의 끈을 묶어주면
하회탈은 잠에서 깨어나
또다시 세상의 얼굴 속으로 나간다.

율려律呂

생명을 잃은 생명이 율律을 타고 간다.

음音을 잃은 눈이 건져내는 미추美醜의 음은
생명을 얻은 생명의 깊이보다 깊다.

생명의 현絃은 사라져도
우주 어딘가에 생명으로 존속하여
모든 생명에 깊이 스미어 합일하는 큰 생명을 이룬다.

적멸로서 영생을 이어갈 것이니
너의 곤궁은 멸실의 생이 아니다.

너와 나의 여정

빛이
빛인 그대.

내 마음
빛으로 내어 드리면

나 맑게 비워져
그대가 들어차고

빛을 되돌려
그대를 채우면

잃어버린 마음 되돌아와
우주의 생략된 사랑 코드를 복기해 내고

둘이 하나로 스미어
숨의 경계가 사라진다.

하나 됨은
서로의 빛을 녹여 빛으로 채우며
애초의 모습 되찾는 일.

너와 나의 여정은 빛이 되는 길 하나다.

하나가 되는 둘에게

너희 두 사람,

서로 다른 땅에서 잎을 틔우고
바람의 향기를 쫓아 가지를 뻗어
마침내 하나로 맞닿아
튼튼한 보금자리를 이루는
아름다운 시간에 이르렀구나!

서로의 결을 맞추고 다듬어
하나의 집을 세우는 일은

사랑으로 날카로운 부분을 다듬고
서로의 향기와 온기를 덧대어
새로운 씨앗을 싹트게 하고
깊고도 단단한 뿌리를 내릴
강건한 성탑을 쌓는 일.

서로를 신뢰하는 마음,
희생하고 돌보는 손길,
무너지지 않는 약속의 기둥을 세우는 일.

〈
함께하는 길이와 높이와 넓이에는
사랑과 존중, 그리고 용기를 채워야 하리라.

그 속에서 소중한 싹이 피어오르고
무성한 나무들이 자라
세상을 환하게 비출 숲이 되어
너희의 자손이 쉴 행복한 터전이 될 것이다.

이제 너희는 두 손을 맞잡고
새로운 길을 함께 걸어 나아가
세상의 변화에 두려워 말고
언제나 서로의 중심에 머물러라.

삶의 무수한 계절을 함께 견디며
겨울의 차가움에도 봄의 약속을 품고,
여름의 뜨거움 속에서도 서로의 그늘이 되어주어라.

너희의 사랑과 꿈으로 이루는 집은
존경과 믿음을 뿌리로 삼을 것이며

함께 맞이할 햇살과 비바람 속에서도
더욱 단단해지는 너희가 될 것이다.

나는 믿을 것이다.
너희가 이루어낼 세상 속 멋진 숲,
그 숲이 뿜어낼 향기와 그늘이
오래도록 빛나며
다음 세대의 품이 될 것임을.

나는 믿을 것이다.
너희가 시작한 이 길에
사랑의 씨앗을 뿌리고,
그 씨앗이 꽃으로 피어나
세상의 모든 이에게 따스한 향기를 전해줄 것임을.

그리하여
너희가 이루어낸 사랑의 숲에서 불어오는 따스한 바람이
영원히 너희를 지키고 빛낼 것이니
아름답고 당당하게 세상을 펼쳐나가거라!

안동의 노래

천년 숨결을 노래하는 제비원에 서면
하회의 얼굴들은
안동의 깊은 영혼에 대해서 말하고

성주의 뿌리인 솔씨 하나에 담긴 무수한 기도는
연미사 곁에서 기다리면 답을 얻는다.

와룡*의 자웅암, 치마바위와 불알바위가
고이고 설킨 생명의 신비를 속삭이면
와야천은 조용히 엿듣고 윤슬로 받아쓴다.

풍산읍 서미마을은
은둔의 고요 속에
서애**의 지혜와 청음***의 지조를 담고 있고

중대바우****가 영험한 기운으로
마을을 지켜내니
모든 정기가 한곳으로 모여들고

유교와 불교, 민속의 본령이 합쳐지니

민족의 정기는 이곳에서 바다를 이룬다.

우리의 편안한 동쪽
지혜의 땅, 안동에 서면
우리는 내일의 길을 보게 된다.

* 와룡 : 경북 안동시 와룡면.
* 서애 : 유성룡의 호.
* 청음 : 김상헌의 호.
* 중대바우 : 서미마을 뒷산 중턱에 탕관과 같이 생긴 커다란 바위.

무상 無常

형체가 있어도 실체가 없고
보이지만 손에 닿지 않는 것

움직이면 그림자요,
멈추면 잊힌 흔적이니
이름 붙인들 무엇이 남으랴.

텅 빈 쏙에 빛이 스며
色이 춤추고
그 틈에서 時間이 흐르나

모든 것은 흩어지거나
한 점으로 응축되어
마침내 無로 돌아간다.

생각이 흐르면 세계가 열리고
멈추면 바람 속 먼지이니
이것이 진정 존재라 할 수 있을까.

부질없이 잡으려는 손끝에서
빛과 어둠이 뒤섞이고
뇌가 꿈꾸는 허공만이 남아 있을 뿐.

인연설 因緣說

먼지가 춤추는 연주곡은
폐부까지 파고드는 야수의 운율,

매연의 방패인 식물들은
실내에 터 잡은 綠衣의 진을 펼치고

봉걸레에 딸려 온 나비의 날갯죽지,
밤새 꽃향기 속 혼몽에 빠졌었구나?

먼지를 물리칠 화분의 꽃들이
나비를 유인하는 덫이 되고

허밍의 날갯짓 펼친 이곳은
인연의 나락이 되었다.

대기의 숨결로도 연결되는
무심한 인연 속에

먼지는 나를 누르고
잎새는 먼지를 누르고

〈
공간은 나비를 누르고
나는 공간을 누르고…

사슬을 끊으려면
다음 생엔 나는 들꽃이 되어

너른 들판으로 너를 불러내
이생의 빚, 갚아야겠다.

■□ 해설

건강한 관조의 힘
- 정규범 시집 『함박꽃이 떨어지면 공갈빵을 먹으러 가야 해요』 읽기

오민석(문학평론가, 단국대 명예교수)

I.

신념과 확신이 지배하던 시대가 있었다. 다수의 사람이 유사한 생각과 태도를 공유하고 그것에 따라 살면 되는 세상이 있었다. 어쩌면 루카치가 『소설의 이론』에서 말한 서사시의 시대가 그런 시대일 수도 있다. 루카치가 "하늘의 빛나는 별이 가능한 모든 길을 비추는 시대는 행복하였다."고 선언했던, 그런 시대는 이제 사라지고 없다. 그런 시대가 사라지기 전에 확신의 별이 먼저 사라졌고, 신념의 하늘이 사라졌으며, 길들은 모두 오리무중이 되었고, 지도는 무용지물이 되었다. '행복'의 기준은 너무나 다양해져서 마치 없는 것처럼 되었으며, 그리하여 그 누구도 행복을 정의할 수 없게 되었다. 르네상스 이후 인간

은 이전의 세계를 의심하는 자리에 근대성의 확고한 신화를 새로이 만들어냈지만, 그것조차도 20세기 후반 이후엔 철저한 회의의 대상이 되었다. 주체는 해체되고, 대상은 불분명해졌으며, 언어는 신뢰할 수 없게 되었고, 모든 사람이 믿고 의존할 대문자 진리도 사라졌다. 차이와 다양성이 총체성을 보충-대체 supplement하면서 주체와 세계는 무수한 부분들로 해체되었고, 의심은 가장 정당한 태도가 되었으며, 길 없는 길의 역설 속에서 세계는 더욱 복잡해졌다. 이 모든 탈근대적 회의론은 이성 중심의 강력한 진리 담론이었던 근대성에 대한 강력한 반발에서 시작되었고 그 자체 정당성을 가지고 있지만, 어떤 면에선 의미의 홍수 사태를 불러옴으로써 일상적 사유에 혼란과 피로를 누적해 온 것도 사실이다.

의심과 해체와 탈중심의 태도가 난무하는 이 시대에 정규범의 시들은 평범해 보이지만 건강한 상식의 강력하고도 안정된 중심을 가지고 있어서 오히려 새롭게 다가온다. 뭐랄까. 그의 시에는 혼란의 긴 수렁을 지나다 지친 자들에게 안정된 가치의 힘과 위로를 주는 어떤 건강한 힘 같은 것이 있다. 말하자면 정신적 탕자일수록 정규범의 시에서 건강한 삶의 위대한 힘을 느낄 가능성이 훨씬 크다.

> 온몸으로 받아낸 삶의 칼자국,
> 엄마의 육신은 도마였다.
> 홈이 파일 때마다
> 엄마의 살점에선 피가 솟았다.
> 가족을 지키려는 칼 받음의 여정은
> 몸이 부서지고 숨이 혼을 놓칠 때까지 계속되었다.
> 도마가 새기는 저 상흔은
> 엄마가 삭혀낸 울음의 필사본이고,
> 손바닥에서 발바닥까지 갈라 터진 빗금은
> 나를 지켜낸 엄마의 심줄이었다.
> 엄마는 선산으로 가 흙이 되었고
> 나는 이곳에 남겨져 엄마를 걷고 있다.
> 세상이 나를 벼랑으로 밀쳐낼지라도
> 나는 엄마를 밟기에 밀리지 않을 수 있다.
>
> ―「뒷배」 전문

 이 시집의 제일 앞에 배치한 이 작품을 보라. 이보다 더 확실한 신념의 세계는 드물다. 삶의 무수한 칼질에 노출된 도마처럼 상처투성이였던 엄마의 삶을 누가 감히 의심하고 회의할 것인가. 거기에 무슨 복잡한 사유가 개입할 틈이 있는가. 엄마는

"몸이 부서지고 숨이 혼을 놓칠 때까지 계속" 살점을 떨구는 도마의 삶을 살았고, 그 헌신적인 삶은 지금까지 화자를 지켜낸 "심줄"이었다. 엄마의 삶은 화자와 분리 불가능한 한 몸의 삶이고, 비판적 거리가 끼어들 틈이 없으며, 따라서 분석과 질문의 대상이 될 수 없다. 그것은 그 자체 리비도의 완벽한 전이로서의 사랑이다. 엄마는 죽었지만, 화자는 여전히 엄마의 길을 "걷고" 있고 밟고 있기 때문에 세상이 자신을 어떤 위험으로 몰아넣을지라도 "밀리지 않을 수 있다"고 말한다. 화자에게 엄마는 흔들리지 않은 신앙이고, 건강한 상식이며, 해체될 수 없는 가치이다. "뒷배"라는 말, 얼마나 좋은가. 시인은 이 혼란의 시대에, 이 해체와 몰락의 시대에, 가장 강력한 사랑의 '뒷배'를 가지고 있다.

> 네 푸른 옷 한 벌과 내 푸른 마음 한 벌이면 족하니
> 비바람과 눈보라 속을 갈지라도
> 한 몸으로 푸른 중심 세워 가자 말한다.
> 반쪽으로 만나 온전한 하나를 이루어
> 하나로 호흡하는 연인, 진한 솔향이
>
> 수피樹皮를 타고 내 핏줄로 흐르고 있다.

- 「연리지連理枝」 부분

  정규범의 정동情動을 지배하는 에너지는 분명히 에로스이다. '사랑'이라 번역되기도 하는 이 본능은 분리와 해체 대신에 세계와의 접속과 합일을 꿈꾼다. 그것은 세계를 밀어내기보다 끌어당기고, 세계와 하나가 되고자 한다. 정규범은 부정을 통하여 긍정에 도달하지 않고, 긍정으로 긍정의 힘을 모은다. 그의 신념은 부정의 신학이 아니라 긍정의 신학에 가깝다. "연리지"는 그런 사랑의 재현물이다. 누가 감히 타자와 하나가 되려 하는가. 타자에 대한 전적인 신뢰 없이 두 개의 가지가 하나의 몸이 될 수는 없다. 누가 감히 타자를 전적으로 신뢰할 수 있는가. 그러므로 정규범은 믿을 수 없는 타자를 신뢰하는 것이 아니라, 믿을 수 있는 타자 보기를 즐겨한다고 하는 편이 옳다. 그가 믿는 타자는 "한 몸으로 푸른 중심 세워" 갈 수 있는 타자이다. 그러나 그는 부정의 돋보기를 통해 타자를 걸러내지 않는다. 그는 긍정의 감지기로 긍정의 대상을 찾는다. 그는 부정의 대상과 소란을 일으키는 대신에 긍정의 손을 내밀어 "온전한 하나"가 될 수 있는 대상을 찾는다. 그는 부정을 통하여 자신의 정체성을 확보하지 않고, 긍정의 선택을 통하여 자신의 정체성을 배가한다.

그러나 세계엔 긍정의 대상만 있는 것이 아니다. 정규범이 볼 때, 그의 긍정적 합일을 방해하는 것들은 바로 자본 지배의 환경과 점증하는 디지털 문화이다. 긍정-언어의 사도인 정규범이 거의 유일하게 부정-언어를 난사하는 것은 바로 이런 대상들을 향해서이다.

> 더, 더 검게 물들어라!
> 바다는 유막油膜으로 찬란하고,
> 하늘은 스모그로 붉은 장막을 펼치며,
> 도시는 미세먼지로 안개꽃을 피운다.
> 숨쉬기가 어려울수록
> 우리는 더 깨끗한 공기를 팔 수 있으니.
>
> 더, 더 조용해져라!
> 빨대에 목이 찢긴 바다거북이
> 비닐 한 조각을 끝내 삼키고,
> 유리처럼 반짝이던 돌고래는
> 폐그물의 손아귀에 붙잡힌 채
> 검은 파도 속으로 가라앉는다.
> 〈

더 이상 울지 마라.

이제 바다는 비명을 기억하지 않는다.

날개가 네 개인 새들이

길을 잃고 둥근 해를 맴돌고,

두 개의 입을 가진 물고기가

검은 강에서 허우적거리고,

다섯 개의 다리를 가진 사슴이

불타는 숲을 헤매며 울고 있다.

　　　　　　　　　　　　　－「더 이상 마라」 부분

이 시집엔 환경 문제의 심각성을 건드리는 시가 여러 편 있다. 그중에서도 이 작품은 조용한 긍정의 젠틀맨인 정규범이 가장 정열적으로 부정적인 목소리를 내는 시이다. 그의 시에서 '~하지 마라'는 부정의 언사가 사용되는 예는 거의 없다. 그러나 이 시는 이런 부정의 명령어를 반복하며 환경 문제의 심각성을 점점 더 크게 경고한다. 이 작품의 힘은 부정의 명령어를 사용해서 역설의 메시지를 증폭하는 데에 있다. 첫 번째 연을 보라. "~하지 마라"의 부정어 문장의 뒤를 잇는 것은 "찬란하고", "꽃을 피"우고, "깨끗한 공기를 팔 수" 있다는 역설적 긍정의 구절들이다. 시인은 부정의 긍정을 통해 부정의 대상을 다시 부정하는 이중-언술의 힘을 보여준다. 긍정의 시인이 이렇게 부정의 언사를 구사하는 것은 오로지 진짜 긍정의 삶을 방해하는 무지막지한 적들을 향할 때뿐이며, 그 적 중에 대표적인 것은 바로 자본 지배의 환경이다. 말하자면 그는 자연에 대한 최대 긍정의 각도에서 환경 문제에 대한 최대 부정의 언사를 날린다.

> 이제 숲은 필요 없다.
> 우리는 더 나은 방법을 찾았다.
> 유기농 플라스틱 나무는
> 잎이 떨어지지 않고
> 뿌리를 내리지 않는다.
>
> 물도, 흙도, 공기도 필요 없다.
> 공장에서 찍어내면
> 언제 어디서든 자연을 배치할 수 있다.
>
> 하늘은 매일 맑다.
> 비는 스프링클러에서 내리고
> 구름은 LED로 조절된다.

우리는 기후를 통제할 수 있다.

계절도, 날씨도, 필요 없어진 지 오래

- 「AI 낙원」 부분

  환경 문제와 연결되어 있으면서 환경 문제와 또 다른 차원에서 정규범이 부정의 화살을 날리는 대상은 바로 AI 지배의 디지털 문화이다. 이 시집엔 디지털 AI 문화를 비판하는 시가 여러 편이 있는데, 그가 볼 때 자본이 자연을 파괴한다면, AI는 자연을 대체한다. AI는 본래적 자연을 "플라스틱"으로 대체함으로써 비본래적인 존재로 만들어버린다. 그리하여 "계절도, 날씨도, 필요 없어진" 세계는 시인이 볼 때 죽음의 공간이고, 이러할 때 시인이 할 일은 (하이데거식으로 말하면) '비본래적인' 것에 의해 은폐된 '본래적인' 존재를 다시 탈은폐하는 것이다. 시인은 그 작업을 환경 문제를 비판할 때와 마찬가지로 역설적 부정의 언어를 동원해서 해나간다. AI는 자연을 플라스틱으로 대체함으로써 모든 것을 "통제"하고 겉으로 보기에 문제 제로의 상태로 만드는 것 같지만, 생명의 세계를 무생물의 세계로 만든다는 점에서 매우 치명적인 죽음-기계이다. 긍정의 사도인 정규범은 이렇게 환경과 AI의 문제에 있어서는 매우 보수적이며 동시에 급진적인 입장을 취한다. 기술주의를 거부한다는 각도에서 볼 때

그는 매우 보수적이지만, 본래적 자연을 자연 그대로 사수해야 한다는 입장에서, 그는 누구보다도 급진적이다. 그가 볼 때 "AI 낙원"은 기술 이데올로기가 만든 판타지에 불과하다.

>너의 시선이 흐르는 곳으로
>여린 잎 틔우고
>
>너의 입술이 닿는 곳으로
>향긋한 꽃 피우고
>
>너의 심장 소리 모아
>커가는 열매를 키우며
>
>너, 머무는 곳에
>나, 배경이 될 수 있도록
>
>거목이 되려던 꿈을
>기꺼이 잘라낸다.
>
>― 「분재의 사랑법」 전문

정규범이 볼 때 자본과 디지털 문화의 문제점은 그것이 타자를 지배와 정복의 대상으로 삼는다는 것이다. 정규범은 그것과는 정반대 방향에서 타자를 대한다. 위 작품은 오로지 타자를 위하여 타자의 입장에 자신의 모든 것을 맞추는, 철저하게 타자 중심적인 윤리를 보여준다. 에마뉘엘 레비나스E. Levinas는 이렇듯 철저하게 타자 중심적인 윤리를 철학 중에서도 '제1의 철학first philosophy'라 하였다. 그가 볼 때 '나'라는 주체는 "타자에게 책임을 지는 존재"이다. 레비나스에게 있어서 나에게 다가오는 타자의 얼굴visage은 단순히 타자의 물리적인 얼굴이 아니라 타자 그 자체의 '현현'을 말한다. 이것은 타자가 나에게 다가오는 가장 직접적이고도 근원적인 방식이다. '나'는 타자의 얼굴을 마주하는 순간, 그를 지배하거나 규정할 수 없으며, 그 앞에서 오로지 책임을 져야 하는 존재로 변한다. 정규범에게 있어서 타자는 레비나스에게 타자의 얼굴처럼 초월적 현존이며 나를 향한 윤리적 요청과 책임의 근원이다. 정규범의 긍정 철학은 그가 이렇게 '나'(주체)를 중심으로 세계를 이해하지 않고 타자의 얼굴을 중심으로 세계를 대하는 자세에서 비롯된다. 위 작품에서도 화자의 모든 존재성은 "나"가 "너의 시선", "너의 입술", "너의 심장"의 요구를 전적으로 받아들이는 데서 시작되며, "거목이 되려던" 주체의 욕망을 자발적으로 거세("기꺼이 잘라낸다")하는 지

점에서 비롯된다.

> 새벽 설핏 잠에서 깨니 모로 누운 얼굴이 나를 보고 있다.
> …(중략)…
> 수십 년을 어둠 속에서 같은 호흡 나눴으니
> 같은 모습이 될 수밖에.
> 나 또한 저 얼굴을 내 얼굴에 담았으려니 그대의 허물은 내 것이다.
> 이제는 그대를 불러 나라고 해도 되겠구나.
>
> — 「얼굴」 부분

정규범 시인에게 있어서 타자 지향의 윤리가 가장 자연스럽게 수행되는 것은 바로 아내의 '얼굴'을 받아들이는 방식을 통해서이다. 이 작품에서 화자는 타자의 '얼굴'을 수용하는 수준을 넘어서서 그 "얼굴을 내 얼굴에 담"는, 그리하여 "그대의 허물"까지도 "내 것"이 되는 단계에 이른다. "그대를 불러 나라고 해도" 될 정도로 주체에서 대상으로 리비도가 완전히 전이된 상태를 프로이트는 '사랑'이라 불렀다. 이렇게 보면 레비나스의 '타자의 윤리학'이나 프로이트의 '사랑' 혹은 정규범 시인의 '긍정의 신학'은 동일한 중심을 안고 도는 다양한 궤도들이다.

달과 지구가 몸을 섞을 때,
태양은 그들을 비추어 기울기를 엿보고
지구가 바다에 길을 열 때,
바다는 엉덩이를 들썩여 푸른 주름 편다.

저 멀리서 들려오는 혹등고래의 울음소리에는
북극에서 적도까지 흐른 물의 향기가 젖어 있고
저 빙하 위 밀려가는 훔볼트 펭귄의 깃털에는
남극에서 적도까지 이른 생의 역사가 새겨 있다.

23.5도는 달과 지구의 사랑 축,
해류는 지구의 리듬에 따라 물결 나누고,
대류는 달의 입김에 따라 계절 바꾼다.

해류가 토해낸 향기,
바람이 숙성한 영토
기울기에 기댄 생명의 순리

-「23.5」 부분

"23.5"는 지구가 기운 각도이다. 이 시에서 정규범은 이것을 주체가 타자를 향해 기운 각도로 묘사한다. 세계를 구성하는 모든 것들, 이를테면 달과 지구, 태양이, 분리와 이탈이 아니라 접속과 합치를 향하여 서로에게 기울어 있다는 것은 얼마나 아름다운 발상인가. "달과 지구가 몸을 섞"는다는 생각이야말로 세계를 사랑(에로스)의 언어로 이해하려는 태도의 극치가 아닌가. 바다의 엉덩이가 펼치는 "푸른 주름", 그 속에서 헤엄치는 "혹등고래"에서 "물의 향기"가 나지 않을 수 있나. 그리하여 시인은 "23.5"도를 "사랑 축"이라 부르면서, 주체와 타자가 서로에게 기울면서 서로를 사랑하고 서로에게 전이되는 아름다운 "생명의 순리"를 찬양한다. 정규범의 세계관이 철저하게 타자 지향적인 것은 다음과 같은 구절에서도 확인된다. "해류는 지구의 리듬에 따라 물결 나누고,/대류는 달의 입김에 따라 계절 바꾼다." 이 문장에서 주어(주체)의 자리에 있는 것들은 모두 자신의 입장에 따라서가 아니라 타자의 "리듬"과 "입김"에 따라 움직인다.

지금까지 살펴본 것처럼 철저하게 타자 우선적인 윤리학이야말로 정규범의 긍정적 세계관을 구성하는 힘이다. 이 시집은 의심과 회의의 먹구름 풍미하는 이 시대에 이런 타자 지향적 태도가 뿜어내는 건강한 관조의 힘으로 가득하다.